LA PERSPECTIVE NEVSKI

Nikolai Gogol

PAGES PLANET PUBLISHING

Published by

PAGES PLANET PUBLISHING

Email: pagesplanetpublishing@gmail.com

First published by Pages Planet Publishing in 2024

Il n'y a rien de plus beau que la Perspective Nevski, tout au moins à Pétersbourg ; et dans la vie de la capitale, elle joue un rôle unique !

Que manque-t-il à la splendeur de cette reine des rues de notre capitale ? Je suis certain que nul de ses habitants blêmes et titrés n'accepterait d'échanger la Perspective Nevski contre tous les biens de la terre. Tous en sont enthousiastes : non seulement ceux qui ont vingt-cinq ans, de jolies moustaches et des vêtements d'une coupe irréprochable, mais ceux aussi dont le menton s'orne de touffes grises et dont le crâne est aussi lisse qu'un plat d'argent.

Et les dames ! Oh ! quant aux dames, la Perspective Nevski leur offre encore plus d'agréments ! Mais à qui donc n'en offre-t-elle pas ? À peine se trouve-t-on dans cette rue qu'on se sent aussitôt disposé à la flânerie. Si même vous avez quelque affaire sérieuse et urgente, dès que vous mettez le pied dans la Perspective, vous oubliez immanquablement vos préoccupations. C'est le seul endroit où les gens se rendent non pas uniquement par nécessité, poussés par le besoin ou guidés par cet intérêt mercantile qui gouverne tout Pétersbourg. Il semble que les gens qu'on rencontre dans la Perspective Nevski soient des êtres moins égoïstes que ceux qu'on voit dans les rues Morskaïa, Gorokhovaïa, la Perspective Liteïny, où l'avidité et l'intérêt se reflètent sur le visage des piétons, comme aussi de ceux qui roulent en calèche ou en drojki.

La Perspective Nevski est la grande ligne de communication pétersbourgeoise. C'est ici que l'habitant des faubourgs de la rive droite, qui depuis plusieurs années n'a plus revu son ami demeurant dans le quartier de la Barrière de Moscou, peut être certain de se rencontrer avec lui. Nul journal, nul bureau de renseignements ne vous fourniront des informations aussi complètes que celles que vous recueillez dans la Perspective Nevski.

Quelle rue admirable ! Le seul lieu de promenade de l'habitant de notre capitale, si pauvre en distractions. Comme ses trottoirs sont bien tenus ! Et Dieu sait, pourtant, combien de pieds y laissent leurs traces ! La lourde botte du soldat en retraite, sous le poids de laquelle devrait se fendre, semble-t-il, le dur granit ; le soulier minuscule, aussi léger qu'une fumée, de la jeune dame qui penche la tête vers les brillantes vitrines des magasins, tel un tournesol vers l'astre du jour, et la botte éperonnée du sous-lieutenant riche en espérances et dont le sabre bruyant raye les dalles. Tout y marque son empreinte : aussi bien la force que la faiblesse.

Quelles fantasmagories s'y jouent ! Quels changements rapides s'y déroulent en l'espace d'une seule journée !

Commençons par le matin, lorsque toute la ville fleure le pain chaud à peine retiré du four, et se trouve envahie par une multitude de vieilles femmes vêtues de robes et de manteaux troués, qui font la tournée des églises et poursuivent les passants pitoyables. À cette heure matinale, la Perspective Nevski est déserte : les gros propriétaires de magasins et leurs commis dorment encore dans leurs draps de Hollande, ou bien rasent leurs nobles joues et prennent leur café. Les mendiants se pressent aux portes des pâtisseries, où un Ganymède encore tout endormi, qui hier volait, rapide, telle une mouche, et servait le chocolat, se tient aujourd'hui, un balai à la main, sans cravate, et distribue de vieux gâteaux et des rogatons. Des travailleurs passent de leur démarche traînante, des moujiks russes dont les bottes sont recouvertes d'une telle couche de plâtre que même les eaux du canal Catherine, célèbres pour leur pureté, ne pourraient les nettoyer.

À cette heure du jour, il serait gênant pour une dame de se trouver dans la rue, car le peuple russe affectionne les expressions fortes, et les dames n'en entendent jamais de semblables, même au théâtre. Parfois, son portefeuille sous le bras, un fonctionnaire endormi suit d'un pas dolent la Perspective Nevski, si celle-ci se trouve sur le chemin qui le conduit au ministère. On peut affirmer qu'à cet instant du jour avant midi, la Perspective Nevski n'est un but pour personne, mais un lieu de passage : elle se peuple peu à peu de gens qui ont leurs occupations, leurs soucis, leurs ennuis, et qui ne songent nullement à elle.

Les moujiks discutent de quelques kopeks ; les vieux et les vieilles se démènent et se parlent à eux-mêmes, parfois avec des gestes extrêmement expressifs ; mais personne ne leur prête attention et ne se moque d'eux, excepté peut-être quelque gamin en tablier de coton, qui court à toutes jambes à travers la Perspective en portant des bouteilles vides ou une paire de bottes. À cette heure, personne ne remarquera vos vêtements, quels qu'ils soient : vous pouvez porter une casquette au lieu de chapeau, votre col peut dépasser votre cravate – cela n'a aucune importance.

À midi, la Perspective Nevski est envahie par des précepteurs appartenant à toutes les nations, et leurs pupilles aux cols de batiste rabattus. Les John anglais et les Jean et Pierre français se promènent bras dessus bras dessous avec les jeunes gens confiés à leurs soins et leur expliquent avec un grand sérieux que les enseignes se placent au-dessus des devantures des magasins, afin que l'on sache ce qui se vend dans ces mêmes magasins.

Les gouvernantes, pâles misses et Françaises roses, suivent d'une démarche majestueuse des fillettes délurées et fluettes, en leur recommandant de lever l'épaule gauche et de se tenir plus droites. Bref, à cette heure de la journée, la Perspective Nevski est un lieu de promenade pédagogique.

Puis, à mesure qu'on approche de deux heures, les gouvernantes, les précepteurs et leurs élèves se dispersent et cèdent la place aux tendres pères de ces derniers, qui se promènent en donnant le bras à leurs épouses, pâles et nerveuses, vêtues de robes multicolores et brillantes.

Peu à peu viennent se joindre à eux tous ceux qui ont terminé leurs occupations domestiques, plus ou moins sérieuses : les uns ont causé avec leur docteur du temps qu'il faisait ou d'un petit bouton apparu sur leur nez ; les autres ont pris des nouvelles de la santé de leurs chevaux, ainsi que de celle de leurs enfants qui font montre de très grandes aptitudes. Ceux-ci ont lu attentivement l'affiche des spectacles et un important article de journal sur les personnages de marque de passage à Pétersbourg ; ceux-là se sont contentés de prendre leur café ou leur thé.

Ensuite, l'on voit apparaître ceux qu'un sort enviable a élevés au rang béni de secrétaire particulier ou de fonctionnaire en mission spéciale. Puis, ce sont les fonctionnaires du ministère des Affaires étrangères, lesquels se distinguent par la noblesse de leurs goûts et de leurs occupations.

Mon Dieu ! que de belles fonctions, que de beaux emplois il existe de par le monde ! Et comme ils ennoblissent et ravissent l'âme ! Mais moi, je ne suis pas fonctionnaire, hélas ! Je suis privé du plaisir de connaître l'amabilité de mes chefs.

Tous ceux que vous rencontrez alors Perspective Nevski vous enchantent par leur élégance : les hommes portent de longues redingotes et se promènent les mains dans les poches… Les femmes sont vêtues de manteaux de satin rose, blanc ou bleu pâle, et portent de splendides chapeaux.

C'est ici que vous pourrez admirer des favoris extraordinaires, des favoris uniques au monde qu'avec un art étonnant on fait passer par-dessous la cravate, des favoris noirs et brillants comme le charbon ou la martre zibeline. Mais ceux-ci, hélas ! n'appartiennent qu'aux seuls fonctionnaires du ministère des Affaires étrangères. Quant aux fonctionnaires des autres administrations, la Providence ne leur a accordé, à leur grand dépit, que des favoris roux. Vous pourrez rencontrer ici d'admirables moustaches que nulle plume, nul pinceau ne sont capables de reproduire, des moustaches auxquelles leur propriétaire consacre la meilleure partie de son existence et qui sont l'objet de tous ses soins au cours de longues séances, des moustaches arrosées de parfum exquis et enduites de rares pommades, des moustaches qu'on enveloppe pour la nuit de papier de soie, des moustaches qui manifestent les tendres soucis de leurs possesseurs et que jalousent les passants.

La multitude des chapeaux, des fichus, des robes – auxquels les dames demeurent fidèles parfois même deux jours de suite – est capable d'éblouir qui que ce soit Perspective Nevski : il semble que toute une nuée de papillons s'élève de terre et volette autour de la foule des noirs scarabées du sexe fort. Vous admirerez ici des tailles d'une finesse exquise, comme vous n'en avez jamais rêvé, des tailles minces, déliées, des tailles plus étroites que le col d'une bouteille, et dont vous vous écarterez respectueusement dans la crainte de les frôler d'un coude brutal, votre cœur se serrant de terreur à la pensée qu'il suffirait d'un souffle pour briser ce produit admirable de la nature et de l'art.

Et quelles manches vous verrez Perspective Nevski ! Dieu, quelles manches ! Elles ressemblent fort à des ballons, et l'on s'imagine parfois que la dame pourrait brusquement s'élever dans les airs, si elle n'était pas maintenue par son cavalier ; soulever une dame dans les airs est aussi facile et agréable, en effet, que de porter à sa bouche une coupe de champagne.

Nulle part, lorsqu'on se rencontre, on ne se salue avec autant d'élégance et de noblesse qu'à la Perspective Nevski. Ici, vous admirerez des sourires exquis, des sourires uniques, véritables œuvres d'art, des sourires capables de vous ravir complètement ; vous en verrez qui vous courberont et vous feront baisser la tête jusqu'à terre ; d'autres, parfois, qui vous feront dresser le front plus haut que la flèche de l'Amirauté. Ici, vous croiserez des gens qui causent des concerts et du temps qu'il fait, sur un ton d'une noblesse extraordinaire et avec un grand sentiment de leur propre dignité. Ici, vous rencontrerez des types étonnants et des caractères très étranges. Seigneur ! que de personnages originaux on rencontre Perspective Nevski !

Il y a des gens qui ne manquent jamais, en vous croisant, d'examiner vos bottines ; puis, quand vous serez passé, ils se retourneront encore pour voir les pans de votre habit. Je ne parviens pas encore à comprendre le manège de ces gens : je m'imaginais d'abord que c'étaient des cordonniers ; mais pas du tout ! La plupart occupent un poste dans différentes administrations, et quelques-uns d'entre eux sont parfaitement capables de rédiger de très beaux rapports. Les autres passent leur temps à se promener et à parcourir les journaux chez les pâtissiers ; bref, ce sont des personnes très convenables.

À ce moment de la journée, entre deux et trois heures, lorsque la Perspective Nevski est le plus animée, on peut y admirer une véritable exposition des plus belles productions humaines.

L'un exhibe une élégante redingote à parements de castor ; l'autre, un beau nez grec ; le troisième, de larges favoris ; celle-ci, une paire d'yeux charmants et un chapeau merveilleux ; telle autre porte à son petit doigt fuselé une bague ornée d'un talisman ; celle-là fait admirer un petit pied dans un soulier délicieux ; ce jeune homme, une cravate étonnante ; cet officier, des moustaches stupéfiantes.

Mais trois heures sonnent. L'exposition est terminée ; la foule se disperse.

À trois heures, changement complet. On dirait une floraison printanière : la Perspective Nevski se trouve soudain envahie par une multitude de fonctionnaires en habit vert. Les conseillers titulaires, auliques et autres, très affamés, se précipitent de toute la vitesse de leurs jambes vers leur logis. Les jeunes enregistreurs de collège, les secrétaires provinciaux et de collège se hâtent de mettre à profit les quelques instants dont ils disposent et arpentent la Perspective Nevski d'une démarche nonchalante, comme s'ils n'étaient pas restés enfermés six heures de suite dans un bureau. Mais les vieux conseillers titulaires et auliques marchent rapidement, la tête basse : ils ont autre chose à faire que de dévisager les passants ; ils ne se sont pas encore débarrassés de leurs préoccupations : c'est le gâchis complet dans leur cerveau ; on dirait des archives remplies de dossiers en désordre. Et longtemps encore ils ne voient partout que des cartons remplis de paperasses, ou bien le visage rond du directeur de la chancellerie.

À partir de quatre heures, la Perspective Nevski se vide, et il est peu probable que vous puissiez y rencontrer ne fût-ce qu'un seul fonctionnaire. Quelque couturière traverse la chaussée, en courant d'un magasin à l'autre, une boîte de carton au bras ; ou bien c'est quelque pitoyable victime d'un légiste habile à dévaliser ses clients ; quelque Anglaise, longue et maigre, munie d'un réticule et d'un petit livre ; quelque garçon de recette à la maigre barbiche, en redingote de cotonnade pincée haut, personnage à l'existence instable et hasardeuse, et dont tout le corps paraît en mouvement, – le dos, les bras, les jambes, la tête, – lorsqu'il suit le trottoir dans une attitude pleine de prévenance. C'est aussi, parfois, un vulgaire artisan… Vous ne verrez personne d'autre à cette heure de la journée dans la Perspective Nevski.

Mais aussitôt que le crépuscule descend sur les rues et sur les maisons, aussitôt que le veilleur de nuit monte à son échelle pour allumer les réverbères et qu'aux fenêtres basses des magasins apparaissent les estampes qu'on n'ose exposer à la lumière du jour, la Perspective Nevski se ranime et s'emplit de nouveau de mouvement et de bruit.

C'est l'heure mystérieuse où les lampes versent sur toutes choses une lumière merveilleuse et attirante. Vous rencontrerez alors nombre de jeunes gens, célibataires pour la plupart, vêtus de redingotes et de manteaux bien chauds. On devine que ces promeneurs ont un but, ou plutôt qu'ils subissent une sorte d'impulsion vague. Leurs pas sont rapides mais incertains ; de minces ombres glissent le long des murs des maisons, sur la chaussée, et effleurent presque de leur tête le pont de la Police.

Les jeunes enregistreurs de collège, les jeunes secrétaires de collège et secrétaires provinciaux se promènent longuement ; mais les vieux fonctionnaires restent chez eux pour la plupart : ou bien parce que ce sont des hommes mariés, ou bien parce que leurs cuisinières allemandes leur font de la bonne cuisine. Vous rencontrerez pourtant à cette heure maints de ces respectables vieillards qui parcouraient à deux heures la Perspective Nevski d'un air si important, si noble ; vous les verrez maintenant courir, tout comme les jeunes gens, et essayer de glisser un regard sous le chapeau d'une dame entrevue de loin, et dont les lèvres charnues et les joues plâtrées de rouge et de blanc plaisent à tant de promeneurs, et tout particulièrement aux commis, aux garçons de recette, aux marchands qui circulent en bandes, en se donnant le bras.

« Arrête ! s'écria le lieutenant Pirogov, en tirant brusquement par la manche le jeune homme en habit et en pèlerine qui marchait à ses côtés. L'as-tu vue ?

– Oui, elle est admirable ! on dirait la Bianca du Pérugin.

– De laquelle parles-tu donc ?

– Mais d'elle ! de celle qui a des cheveux bruns ! Quels yeux ! mon Dieu ! Quels yeux ! Ses traits, l'ovale du visage, le port de tête, quel rêve !

– Je te parle de la blonde qui venait derrière elle et s'est tournée de ce côté… Pourquoi donc ne la suis-tu pas, puisqu'elle te plaît tant ?

– Comment oserais-je ! s'exclama, tout rougissant, le jeune homme en habit. Elle n'est pas de ces femmes qui circulent le soir dans la Perspective Nevski. C'est probablement une dame de la haute société, continua-t-il en soupirant. Son manteau à lui seul vaut plus de quatre-vingts roubles !

– Comme tu es naïf ! s'écria Pirogov en le poussant de force dans la direction où se déployait le brillant manteau de la dame. Cours vite, sot ! Elle va te passer sous le nez ! Quant à moi, je vais suivre la blonde ! »

« Je sais bien ce que vous valez toutes ! » songeait à part lui Pirogov avec un sourire de satisfaction, car il était certain que nulle beauté au monde ne pouvait lui résister.

Le jeune homme en habit s'engagea d'un pas timide et incertain dans la direction où se déployait au loin le manteau multicolore, dont les teintes s'illuminaient et s'assombrissaient tour à tour chaque fois que l'inconnue passait sous un réverbère ou s'en éloignait. Le cœur du jeune homme se mit à battre lourdement, et il ne put s'empêcher de précipiter ses pas. Il n'osait même songer à attirer sur sa personne l'attention de la dame dont les pieds effleuraient à peine le sol devant lui, et il pouvait d'autant moins admettre la noire pensée qu'avait tenté de lui suggérer le lieutenant Pirogov. Il désirait seulement voir la maison qu'habitait la délicieuse créature qui lui paraissait être descendue directement du ciel sur le trottoir de la Perspective Nevski, et qui allait certainement prendre de nouveau son vol. Il se mit à courir si vite qu'il bouscula à plusieurs reprises des messieurs importants à favoris gris.

Ce jeune homme faisait partie de cette catégorie de gens qui produisent chez nous un effet très étrange et qui appartiennent à la population pétersbourgeoise au même titre, pourrait-on dire, qu'un visage entrevu en rêve fait partie du monde réel. Cette classe constitue une exception dans notre ville, où les habitants sont pour la plupart des fonctionnaires, des commerçants ou des artisans allemands.

Le jeune homme était un peintre. Un peintre pétersbourgeois ! Quel être étrange ! n'est-il pas vrai ? Un peintre dans la contrée des neiges ! Dans le pays des Finnois, où tout est humide, plat, pâle, gris, brumeux !...

Ces peintres ne ressemblent en rien, d'ailleurs, aux peintres italiens, ardents et fiers comme leur patrie et son ciel bleu. Au contraire, ce sont pour la plupart des êtres doux, timides, insouciants, aimant pieusement leur art, et qui se réunissent entre eux dans quelque chambrette, autour de verres de thé, pour discuter de ce qui leur tient le plus à cœur, sans se soucier du superflu. Ils amènent volontiers chez eux quelque vieille mendiante qu'ils font poser six heures de suite en essayant de reproduire sur la toile ses traits tristes et effacés. Ils aiment également à peindre leur intérieur : une chambre remplie de débris artistiques, jambes et bras en plâtre, que la poussière et les années ont recouverts d'une teinte brune, des chevalets cassés, des palettes ; ou bien, devant un mur taché de couleurs, quelque camarade en train de jouer de la guitare, tandis qu'à travers la fenêtre ouverte on entrevoit au loin la pâle Néva et quelques misérables pêcheurs vêtus de chemises rouges.

Le coloris de ces peintres est toujours gris, voilé, et porte ainsi la marque ineffaçable de notre ciel nordique. Et pourtant, c'est avec une réelle ferveur qu'ils s'adonnent à leur art. Beaucoup d'entre eux ont du talent, et s'ils pouvaient respirer l'air vivifiant de l'Italie, ils se développeraient certainement et fleuriraient aussi librement, aussi abondamment qu'une plante qu'on aurait transportée d'une chambre close à l'air libre.

Ils sont fort timides en général : les décorations, les grosses épaulettes les troublent à tel point que, bien malgré eux, ils abaissent leurs prix. Ils aiment parfois à s'habiller avec quelque recherche et une certaine élégance ; mais cette élégance est toujours trop soulignée et produit l'effet d'une pièce neuve sur un vieil habit. Vous les verrez, par exemple, porter un frac d'une coupe parfaite et, par-dessus, un manteau sale, ou bien un gilet de velours richement brodé et un veston taché de couleurs. De même que vous pourrez facilement distinguer sur leurs études de paysage quelque nymphe dessinée la tête en bas et que, n'ayant pas trouvé d'endroit plus propice, ils ont jetée là, sur une de leurs anciennes toiles, à laquelle ils avaient pourtant travaillé jadis avec une ardeur joyeuse... Jamais ces jeunes gens ne vous regarderont droit dans les yeux ; et s'ils vous fixent, c'est d'un regard trouble, incertain, qui ne vous pénètre pas comme les yeux aigus de l'observateur ou les yeux d'aigle de l'officier de cavalerie. Cela provient de ce que le peintre, tout en vous dévisageant, distingue sous vos traits ceux de quelque Hercule en plâtre qu'il a chez lui, ou bien entrevoit déjà le tableau auquel il compte prochainement travailler. C'est à cause de cela qu'il répond souvent tout de travers, sans suite, et les visions qui le poursuivent augmentent encore sa timidité.

C'est précisément à cette catégorie d'artistes qu'appartenait le jeune homme dont nous venons de parler, le peintre Piskariov, timide et timoré, mais qui portait en lui un feu ardent, capable, sous l'action favorable des circonstances, d'embraser son âme.

Plein d'un trouble mystérieux, il se hâtait derrière la jeune femme, dont les traits l'avaient frappé, tout en s'étonnant lui-même de sa propre audace. Soudain, l'inconnue qui ravissait ses yeux, ses pensées, ses sentiments, tourna la tête de son côté et lui lança un bref regard.

Dieu ! quels traits divins ! Une chevelure aussi brillante que l'agate couronnait un front d'une blancheur éblouissante. Ces cheveux s'épandaient en boucles, dont quelques-unes, s'échappant de dessous le chapeau, effleuraient les joues que rosissait légèrement la fraîcheur du soir. Ses lèvres closes semblaient receler le secret de tout un essaim de rêves exquis. Tous les enchantements de notre enfance, toutes les richesses que nous versent la rêverie et la douce inspiration sous une lampe, tout cela semblait contenu dans les contours harmonieux de ses lèvres.

Elle regarda Piskariov, et le cœur du jeune homme frémit. Ce regard était sévère ; ce visage reflétait la colère soulevée par cette poursuite insolente, mais sur ce divin visage l'expression de la colère même acquérait un charme particulier.

Frappé de confusion et de crainte, Piskariov s'arrêta, baissa les yeux. Mais comment risquer de perdre cet être exquis sans même essayer de connaître le temple où elle daignait habiter. La crainte de la perdre décida le jeune rêveur, et il reprit sa poursuite ; mais, afin de la rendre moins importune, moins apparente, il s'écarta quelque peu et se mit à examiner d'un air détaché les enseignes, tout en ne perdant de vue aucun des mouvements de l'inconnue.

Les passants se faisaient plus rares, les rues devenaient moins animées. La jeune femme se retourna de nouveau, et il parut qu'un léger sourire brilla un instant sur ses lèvres. Il tressaillit, n'osant pourtant pas en croire ses yeux. Non ! c'était probablement la lueur incertaine des réverbères qui avait créé cette illusion en glissant sur son visage. Non ! c'étaient ses propres rêves qui le trompaient et le narguaient ! Mais la respiration s'arrêta dans sa poitrine, tout son être frémit, comme sous l'action d'une flamme mystérieuse, et tous les objets autour de lui se recouvrirent soudain d'une sorte de brume ; le trottoir se soulevait et fuyait sous ses pas, tandis que les chevaux et les calèches s'immobilisaient brusquement ; le pont sous ses yeux s'étirait, se gondolait et son arc se rompait ; les maisons se retournaient et se dressaient sur leurs toits ; la guérite du factionnaire tombait à la renverse, tandis que sa hallebarde, ainsi que les lettres dorées et les ciseaux peints d'une enseigne paraissaient à Piskariov suspendus à ses propres cils. Et toutes ces transformations n'avaient été causées que par un seul regard, que par la seule inclinaison d'une jolie tête ! Sans rien voir, sans rien entendre, ne se rendant même pas compte de ce qu'il faisait, il glissait rapidement sur les traces des petits pieds, ne songeant qu'à modérer ses pas qui tendaient à s'accorder au rythme des battements de son cœur.

Parfois, il se prenait à douter : avait-il bien compris l'expression favorable de son visage ? Et alors il suspendait sa course pour un instant ; mais les battements de son cœur, une force irrésistible et le trouble de toutes ses sensations le projetaient en avant.

Il ne remarqua même pas la maison à quatre étages qui se dressa brusquement devant lui et lui lança au visage le regard de ses fenêtres brillamment éclairées ; il ne sentit même pas la balustrade du perron, qui opposa à son élan le choc de ses barreaux de fer. Il vit seulement que l'inconnue montait rapidement l'escalier, se retournait, mettait un doigt sur ses lèvres et lui faisait signe de la suivre.

Ses genoux tremblèrent, ses sensations, ses pensées s'illuminèrent soudain ; une joie aiguë, pareille aux traits de la foudre, transperça douloureusement son cœur. Non ! ce n'est pas un rêve ! Mon Dieu ! quelle joie ! quelle vie radieuse en un instant !

Mais tout cela n'est-il pas un songe ? Se pouvait-il que cette femme pour un regard céleste de laquelle il était prêt à donner sa vie et dont connaître la demeure lui paraissait un bonheur inouï, se pouvait-il qu'elle fût si bienveillante pour lui et lui accordât une telle faveur ?

Il monta rapidement l'escalier.

Nulle image terrestre ne venait ternir sa pensée. L'ardeur qui le consumait n'était pas une passion sensuelle. Non ! il était aussi pur en cet instant que l'adolescent vierge qui ne ressent encore qu'une aspiration indéfinie, toute spirituelle, vers l'amour. Et ce qui chez un débauché n'aurait éveillé que des désirs audacieux, éleva en lui, au contraire, et sanctifia encore davantage ses sentiments. Cette confiance que lui témoignait un être si faible et si beau, cette confiance lui imposait l'obligation d'une réserve chevaleresque, l'obligation d'exécuter fidèlement tous ses ordres. Et il ne désirait qu'une chose maintenant : que ces ordres fussent aussi difficiles, aussi inexécutables que possible, afin de mettre d'autant plus d'ardeur à les accomplir. Il ne doutait pas que si l'inconnue lui avait manifesté une telle confiance, c'était que des circonstances importantes et mystérieuses l'y avaient obligée, et qu'elle allait exiger de lui des services difficiles ; mais il se sentait la force et le courage d'accomplir tout.

L'escalier montait en tournant, entraînant ses rêves exaltés dans ce mouvement circulaire. « Marchez prudemment ! » résonna, semblable à une harpe, une voix qui le remplit d'un trouble nouveau.

L'inconnue s'arrêta dans la pénombre d'un quatrième étage et frappa à une porte qui s'ouvrit aussitôt. Ils entrèrent ensemble.

Une femme assez jolie les accueillit, une bougie à la main ; mais elle regarda Piskariov d'une façon si étrange, si insolente, qu'il baissa involontairement les yeux. Ils pénétrèrent dans une chambre où le jeune homme aperçut trois femmes : l'une battait les cartes et faisait une réussite ; l'autre, assise au piano, jouait avec deux doigts quelque chose qui ressemblait vaguement à une polonaise ; la troisième, se tenant devant une glace un peigne à la main, démêlait ses longs cheveux ; et elle ne parut nullement songer à interrompre son occupation à la vue d'un visage étranger.

Il régnait tout autour un désordre déplaisant, pareil à celui qu'on observe dans la chambre d'un célibataire insouciant. Les meubles, assez convenables, étaient couverts de poussière ; des toiles d'araignée tapissaient les lambris ; dans l'entrebâillement de la porte menant à la chambre voisine brillait une botte à éperon et scintillaient les parements d'un manteau d'officier ; une voix d'homme se faisait entendre, accompagnée du rire d'une femme, qui résonnait sans gêne aucune.

Seigneur ! où était-il donc tombé ?

Il ne voulut pas croire d'abord à ce qu'il voyait et se mit à examiner attentivement les objets qui remplissaient la chambre ; mais les murs nus et les fenêtres sans rideaux témoignaient de l'absence d'une maîtresse de maison soigneuse. Les visages fatigués et usés de ces malheureuses créatures, dont l'une s'assit juste en face de lui et se mit à le dévisager avec autant d'indifférence que si elle avait fixé une tache sur un vêtement – tout lui disait clairement qu'il avait pénétré dans l'antre ignoble où se terre la triste débauche, fruit d'une instruction factice et de l'effroyable cohue des grandes villes, dans cet antre où l'homme étouffe sacrilègement tout ce qu'il y a en lui de pur et de sacré, tout ce qui fait la beauté de la vie, et s'en rit brutalement ; où la femme qui réunit en elle toutes les perfections de la nature et en est le couronnement, se transforme en un personnage étrange, équivoque, qui, en perdant sa pureté, s'est trouvé privé de tous ses caractères féminins, a acquis les manières et l'impudence masculines et ne ressemble plus à l'être fragile qu'elle était, si délicieux, si différent de nous.

Piskariov fixait des regards stupéfaits sur la belle inconnue, comme pour se convaincre que c'était bien celle qui l'avait ensorcelé dans la Perspective Nevski. Oui, elle était toujours aussi belle ! Ses cheveux étaient aussi splendides, ses yeux avaient encore leur expression céleste. Elle était fraîche et semblait ne pas avoir plus de dix-sept ans. On voyait que la débauche ne s'était emparée d'elle que depuis peu et n'avait pas encore effleuré ses joues, qu'ombrait légèrement un doux incarnat. Oui, elle était belle !

Il se tenait immobile, debout devant elle, et perdait déjà peu à peu la conscience de ce qui l'entourait, comme il l'avait perdue tantôt, dans la rue. Ce long silence fatigua l'inconnue, et elle sourit d'une façon significative en le regardant droit dans les yeux. Mais ce sourire, empreint d'une pitoyable impudence, paraissait aussi étrange sur son visage, lui convenait aussi peu que le masque de la piété sur la face d'un filou ou un livre de comptabilité aux mains d'un poète.

Il tressaillit. Elle ouvrit ses lèvres charmantes et se mit à parler ; mais ce qu'elle disait était si bête, si plat ! On pourrait croire qu'en perdant sa pureté, l'être humain perd en même temps son intelligence.

Il ne voulait plus rien entendre ; il était vraiment ridicule et aussi naïf qu'un enfant : au lieu de mettre à profit les dispositions favorables de la belle, au lieu de se réjouir du hasard heureux qui se présentait brusquement, comme l'aurait fait certainement tout autre à sa place, il se précipita à toutes jambes vers la sortie, comme un sauvage, et prit la fuite à travers l'escalier.

Il se retrouva assis dans sa chambre, la tête baissée, tout le corps affaissé, semblable à un pauvre qui aurait ramassé une perle et l'aurait aussitôt laissée choir dans la mer.

« Si belle ! des traits si divins ! tombée si bas ! Dans quel lieu atroce !... » Il ne pouvait prononcer d'autres paroles.

En effet, jamais nous ne ressentons une pitié aussi douloureuse qu'à la vue de la beauté flétrie par le souffle pernicieux de la débauche. On conçoit encore que celle-ci s'allie à la laideur... Mais la beauté !... Elle ne s'accorde dans nos pensées qu'avec la seule pureté.

La jeune fille qui avait ensorcelé Piskariov était en effet merveilleusement belle, et sa présence dans ce milieu méprisable paraissait d'autant plus extraordinaire, d'autant plus incompréhensible. Tous ses traits étaient si parfaitement sculptés, l'expression de son visage était empreinte d'une si grande noblesse, qu'il était impossible de se représenter que la débauche eût déjà étendu ses griffes sur elle.

Elle aurait pu être la femme adorée d'un époux passionné, son paradis sur la terre, son trésor ; elle aurait pu briller, telle une douce étoile, au centre d'un cercle familial joyeux d'obéir au moindre commandement tombé de ses lèvres exquises ; elle aurait pu être la déesse d'une brillante société et trôner dans une salle de bal au parquet étincelant, sous la lumière des bougies, entourée du respect et de l'amour de ses adorateurs prosternés à ses pieds ! Mais, hélas ! de par la volonté de je ne sais quel esprit démoniaque aspirant à détruire l'harmonie de l'univers, elle avait été jetée avec d'affreux ricanements dans ce gouffre atroce !

Pénétré d'une pitié torturante, Piskariov demeurait assis devant sa bougie. Minuit avait déjà sonné depuis longtemps ; l'horloge de la tour sonna ensuite la demie, mais il restait là, immobile, sans dormir et pourtant inactif. Cette inaction l'engourdit peu à peu, et il allait déjà s'assoupir, les murs de la chambre s'évanouissaient déjà, et seule la clarté de la bougie persistait encore à travers les visions du sommeil qui s'appesantissait sur ses paupières, lorsque des coups frappés à la porte le firent sursauter, et il revint brusquement à lui.

La porte s'ouvrit, livrant passage à un laquais vêtu d'une riche livrée. Jamais encore la chambrette de Piskariov n'avait accueilli semblable visite et, de plus, à une heure aussi tardive. Le jeune homme tout interdit dévisagea son visiteur avec une stupéfaction mêlée d'impatience.

« La demoiselle chez laquelle vous vous êtes rendu il y a quelques heures, prononça très poliment le laquais, m'a ordonné de vous demander de venir chez elle et vous envoie sa calèche. »

Piskariov demeurait debout, tout étourdi : une calèche ! un laquais en livrée !... Non, il y a certainement quelque malentendu...

« Écoutez, mon garçon, prononça-t-il avec une certaine gêne. Vous vous trompez de porte, certainement. Votre maîtresse vous a envoyé chez un autre. Ce n'est pas pour moi.

– Non, monsieur ! Je ne me suis pas trompé. C'est bien vous, n'est-ce pas, qui avez reconduit à pied une demoiselle jusqu'à la Perspective Liteïny, au quatrième étage ?

– Oui, c'est moi.

– Eh bien ! venez vite ! Mademoiselle veut absolument vous voir et vous prie de vous rendre directement chez elle, dans son hôtel. »

Piskariov descendit en courant l'escalier. Il y avait en effet une calèche dans la cour. Il y monta, la portière se referma, les pavés résonnèrent sous les sabots des chevaux et les rangées de maisons éclairées, les réverbères, les enseignes s'ébranlèrent et se mirent à glisser rapidement en arrière, des deux côtés de la calèche.

Piskariov essayait de réfléchir, mais il ne parvenait pas à comprendre ce qui se passait : une calèche ! un laquais en livrée ! un hôtel !... Il ne pouvait établir un rapprochement entre ce luxe et la chambre au quatrième, les fenêtres poussiéreuses et le piano discord.

La calèche s'arrêta net devant un perron splendidement illuminé, et Piskariov se sentit tout étourdi par le mouvement des voitures, les cris des cochers et la musique qui se déversait des fenêtres brillamment éclairées.

Le laquais à la riche livrée l'aida respectueusement à descendre et le fit entrer dans un vaste vestibule à colonnes de marbre, où se tenait un suisse tout doré et où l'on distinguait sous une grosse lampe des tas de pelisses et de manteaux.

Un escalier ajouré à la rampe polie se dressait devant le jeune homme dans une atmosphère parfumée. Il monta rapidement et pénétra dans une salle, mais aussitôt recula, épouvanté, à la vue de la multitude qui s'y pressait. La diversité des visages et des costumes le confondit complètement : on aurait dit que quelque démon avait brisé l'univers en morceaux pour les mélanger ensuite sans aucun ordre. Les habits noirs, les brillantes épaules féminines, les lustres et les lampes, les écharpes de gaze, les rubans légers, les contrebasses massives qu'on apercevait à travers la balustrade des chœurs, – tout l'émerveillait.

Il y avait là, dans cette salle, tant de respectables vieillards et d'importants personnages couverts de décorations, tant de dames qui glissaient avec une grâce légère et fière sur le parquet reluisant ou bien se tenaient assises en rang, on parlait avec tant de désinvolture français et anglais, le maintien des jeunes gens en habit était si noble, ils causaient et se taisaient avec tant de dignité, sans un mot inutile, ils plaisantaient si discrètement, ils souriaient si respectueusement, leurs favoris étaient si bien soignés et ils exposaient leurs belles mains avec une telle élégance en corrigeant le nœud de leurs cravates, les jeunes filles paraissaient si aériennes, et, baissant leurs yeux adorables, semblaient plongées dans un ravissement tel, que notre héros…

Mais l'aspect intimidé de Piskariov qui se tenait adossé à l'une des colonnes, montrait suffisamment son désarroi.

Il remarqua que la foule entourait un groupe de danseurs et de danseuses. Celles-ci tournaient, enveloppées de ces étoffes transparentes qui nous viennent de Paris, vêtues de robes tissées d'air pur, semblait-il. Leurs petits pieds effleuraient dédaigneusement le parquet et paraissaient ne s'y poser que par condescendance. L'une d'elles les dépassait toutes en beauté et était vêtue avec encore plus d'élégance que les autres ; sa toilette révélait un goût raffiné et d'autant plus exquis que la jeune fille ne paraissait nullement s'en préoccuper. Elle regardait sans la voir, aurait-on dit, la foule des spectateurs qui l'entouraient ; ses longs cils s'abaissaient et se relevaient avec indifférence, et la blancheur éclatante de son visage apparut encore plus éblouissante lorsque, à une inclinaison de sa tête, une légère ombre glissa sur son front charmant.

Piskariov tenta de fendre la foule de ses admirateurs, afin de la voir de plus près ; mais, à son grand dépit, une grosse tête garnie d'une épaisse chevelure crêpée la lui cachait constamment. De plus, la foule l'enserrait à tel point qu'il n'osait plus ni reculer ni avancer, de crainte de pousser quelque conseiller secret. Il réussit pourtant, après maints efforts, à se glisser au premier rang ; mais arrivé là, et ayant jeté un regard sur ses vêtements pour s'assurer qu'ils étaient en ordre, que vit-il, mon Dieu ! Il était en redingote, une redingote toute tachée de couleurs ! dans sa hâte à suivre le laquais, il avait oublié de changer de vêtements. Il rougit jusqu'aux oreilles ; il aurait voulu se terrer quelque part ; mais où et comment ? La muraille de brillants jeunes gens qui l'entouraient s'était déjà refermée derrière lui. Il n'avait maintenant plus qu'un désir : s'éloigner au plus vite de la belle jeune fille au front éclatant, aux cils soyeux. Il leva les yeux sur elle, tout honteux : ne le regardait-elle pas ? mon Dieu ! Elle est juste devant lui ! Mais qu'est-ce donc ? Comment cela est-il possible ?... « C'est elle ! » faillit-il s'écrier de toute la puissance de sa voix.

C'était elle en effet, celle-là même qu'il avait rencontrée dans la Perspective Nevski et accompagnée jusqu'à sa demeure.

Elle releva ses cils et enveloppa la foule de son clair regard. « Seigneur ! qu'elle est belle ! » fut-il seulement capable de murmurer, la respiration coupée. Ses yeux parcoururent le cercle entier, où chaque homme essayait d'attirer son attention. Mais avec quelle fatigue, avec quelle expression distraite elle détourna bientôt ses regards qui se croisèrent alors soudain avec ceux de Piskariov. Ciel ! quel paradis s'entrouvre subitement devant lui !... « Seigneur ! donne-moi la force de supporter ce bonheur ! Ma vie ne peut le contenir ! Il brisera mon corps et ravira mon âme !... »

Elle lui fit signe ; non de la main, non d'une inclinaison de la tête. C'est dans ses yeux expressifs qu'il put lire ce signe à peine perceptible et que personne ne remarqua. Mais lui, il le vit et le comprit.

Les danses durèrent longtemps ; comme fatiguée, la musique s'éteignait tantôt, se mourait complètement, et tantôt éclatait soudain, bruyante. Mais enfin les danses prirent fin. Elle s'assit ; sa poitrine palpitait faiblement sous le fin voile de gaze ; sa main (quelle main admirable !) tomba sur ses genoux, et il sembla que la robe sous cette main palpitait aussi, comme vivante, et sa teinte mauve soulignait encore davantage la blancheur lumineuse des doigts.

L'effleurer ! Rien de plus ! Tout autre désir lui aurait paru trop téméraire. Il se tenait debout derrière sa chaise, n'osant même pas respirer.

« Vous vous êtes ennuyé, prononça-t-elle. Je me suis bien ennuyée aussi. Je remarque que vous me haïssez », ajouta-t-elle en abaissant ses longs cils.

« Vous haïr ! moi ! » faillit dire Piskariov, complètement éperdu. Et il allait certainement prononcer des paroles incohérentes, lorsque s'approcha d'eux un chambellan qui lança quelques traits spirituels et aimables. Son crâne s'ornait d'un élégant toupet bien frisé, et il montrait en parlant une rangée d'assez belles dents. Chacune de ses plaisanteries perçait le cœur de Piskariov d'un trait aigu. Enfin, par bonheur, quelqu'un s'adressa au chambellan qui se détourna pour répondre.

« Comme c'est insupportable ! dit-elle en levant sur le jeune homme ses yeux célestes. Je vais m'asseoir à l'autre bout de la salle. Rejoignez-moi ! »

Elle pénétra dans la foule et disparut. Il se précipita comme un fou, fendit la cohue et parvint à l'endroit qu'elle lui avait désigné.

« Oui, c'est bien elle. Elle est assise là... On dirait une reine, la plus belle de toutes... Elle le cherche des yeux. »

« Vous voilà, dit-elle tout bas. Je serai franche avec vous. Les circonstances de notre première rencontre vous paraissent certainement bien étranges. Mais pouvez-vous vraiment croire que j'appartienne à la méprisable catégorie de ces créatures parmi lesquelles vous m'avez trouvée ? Mes actes peuvent vous sembler étranges. Mais je vais vous dévoiler un secret ; serez-vous capable de ne jamais le trahir ? » prononça-t-elle en le regardant droit dans les yeux.

« Oh oui. Je vous serai fidèle. »

Mais juste à cet instant un homme assez âgé s'approcha d'eux et, s'adressant à la jeune fille en une langue que Piskariov ne connaissait pas, il lui offrit son bras. Elle jeta à Piskariov un regard suppliant en lui faisant signe de rester là et de l'attendre. Mais, brûlant d'impatience, il était incapable d'obéir à un tel ordre, bien qu'il vînt d'elle. Il se leva pour la suivre, mais la foule les sépara. Il ne distinguait plus la robe mauve. Il allait d'une salle à l'autre, très agité, jouant des coudes, sans se gêner. Mais il ne voyait partout que des tables de jeu autour desquelles se tenaient assis, au milieu d'un silence de tombe, d'importants personnages. Dans un coin de la chambre, quelques messieurs mûrs discutaient des avantages que présentait la carrière militaire. Dans un autre groupe, des jeunes gens arborant des fracs d'une coupe irréprochable, causaient d'un ton léger de la vaste production d'un poète, travailleur acharné. Piskariov sentit qu'un monsieur d'allure respectable le saisissait par le bouton de son habit pour lui exposer ses idées, extrêmement judicieuses, d'ailleurs. Mais il le repoussa brutalement, sans faire même attention à la décoration qu'il portait au cou. Il réussit à s'introduire dans la pièce voisine : l'inconnue n'y était pas plus que dans la suivante...

« Où est-elle ? Rendez-la-moi ! Je ne puis continuer à vivre sans l'avoir vue, au moins une fois encore ! Je dois savoir ce qu'elle voulait me dire ! »

Mais toutes ses recherches demeuraient vaines. Inquiet, épuisé, il se blottit dans un coin, et se mit à dévisager les gens autour de lui. Mais, sous ces regards tendus et fixes, les objets perdirent peu à peu leurs contours, leurs couleurs, et il vit tout à coup apparaître les murs gris de sa chambre. Il leva machinalement les yeux : oui, voilà le chandelier, au fond duquel une mèche consumée jette ses dernières lueurs ; la chandelle est complètement fondue, et sur la table se voit une large tache de graisse.

Il avait dormi ! Ce n'était donc qu'un rêve !

Quel beau rêve ! Pourquoi fallait-il qu'il se réveillât ! Pourquoi n'avoir pas attendu, ne fût-ce qu'une minute encore ? Elle lui serait certainement apparue de nouveau. L'aube irritante, pénétrant dans la chambre, l'emplissait d'une lueur trouble et pénible. Tout était en désordre, tout était morne et triste. Que la réalité est donc affreuse ! Peut-on la comparer au rêve ! Il se déshabilla promptement, se coucha, s'enroula dans sa couverture, voulant à toute force évoquer son rêve interrompu. Le sommeil engourdit aussitôt son corps, en effet ; mais il ne lui accorda pas ce que Piskariov espérait : c'était tantôt le lieutenant Pirogov et sa pipe, tantôt le concierge de l'Académie, tantôt la tête de la vieille Finnoise dont il avait fait le portrait quelque temps auparavant, ou d'autres images aussi vaines.

Il resta au lit jusqu'à midi, espérant la voir encore une fois ; mais la belle inconnue ne revint plus. « Oh ! la revoir, ne fût-ce qu'un instant seulement ! Revoir ses traits divins, son bras d'une blancheur aussi éblouissante que la neige des cimes inviolées ! Entendre encore son pas léger !... »

Incapable de réfléchir, il demeurait assis, désemparé, ébloui par sa vision, sans force pour s'occuper de quoi que ce fût, ses regards vagues tournés vers la fenêtre donnant sur la cour, où un porteur d'eau à l'aspect misérable remplissait des brocs, tandis que résonnait la voix chevrotante du marchand d'habits : « Vieux habits !... à vendre !... »

La réalité banale blessait douloureusement ses sens.

Il demeura dans cet état jusqu'au soir, et lorsque vint la nuit, il retourna avec joie dans son lit. Il fut obligé de lutter longtemps contre l'insomnie, mais finalement le sommeil vint clore ses paupières.

Un rêve encore !... Mais un rêve plat, stupide !... « Mon Dieu ! aie pitié de moi ! Fais-la apparaître à mes yeux, ne fût-ce que pour un instant !... »

La journée qui suivit se passa dans l'attente inquiète de la nuit. Il s'endormit, mais rêva encore une fois de je ne sais quel fonctionnaire, qui prenait parfois l'aspect d'un basson. « Oh ! c'est insupportable !... Mais la voilà ! C'est bien son visage ! Ce sont ses longues boucles ! Mais elle s'évanouit presque aussitôt ; un voile grisâtre la cache... »

Toutes les puissances de son être finirent par se concentrer autour de ses rêves, et sa vie acquit alors un caractère étrange ; on aurait dit qu'il dormait étant éveillé, et veillait au contraire dans son sommeil. Si quelqu'un l'avait vu, tandis qu'il se tenait assis devant une table vide ou marchait dans la rue, l'air absent, celui-là l'eût certainement pris pour un lunatique ou pour un ivrogne hébété par l'alcool. Son regard était vide de toute expression ; sa distraction naturelle, se développant sans entrave, effaçait impérieusement de son visage toute pensée, tout sentiment. Il ne recommençait à vivre qu'à la tombée de la nuit.

Cet état d'esprit ruinait ses forces. Mais ce fut pis encore lorsque le sommeil, n'obéissant plus à ses désirs, l'abandonna complètement. Voulant sauvegarder son unique trésor, il essaya de tous les moyens pour combattre l'insomnie. Il avait entendu dire qu'il existait un remède excellent contre celle-ci, et qu'il suffisait pour dormir de prendre quelques gouttes d'opium. Il se souvint alors d'un marchand persan qui avait une boutique d'étoffes orientales et qui, chaque fois qu'il rencontrait Piskariov, lui demandait de lui peindre une jolie femme.

Piskariov résolut de s'adresser au Persan qui devait certainement avoir de l'opium.

Le marchand le reçut, assis sur son divan, les jambes ramenées sous lui.

« Qu'as-tu besoin d'opium ? » lui demanda-t-il.

Piskariov lui confia son insomnie.

« Bien, je t'en donnerai ; mais toi, tu me dessineras une belle femme. Il faut qu'elle soit vraiment belle, entends-tu ? Ses sourcils doivent être noirs et ses yeux aussi larges que des olives. Et tu me dessineras, assis à ses côtés et fumant ma pipe. Comprends-tu ? il faut qu'elle soit très belle. »

chaque soir, avec toute l'impatience, avec toute l'ardeur d'un amoureux passionné, la visite de la vision adorée.

Grâce à la concentration de toutes ses pensées sur un objet unique, celui-ci acquit un tel pouvoir sur son imagination que l'image de la belle inconnue finit par le visiter presque chaque nuit, revêtant toujours un aspect complètement différent de celui sous lequel la jeune femme lui était apparue dans la réalité, car ses pensées étaient aussi pures que celles d'un enfant et dans ses rêves, l'image de la femme aimée se transfigurait entièrement.

Sous l'action de l'opium, son imagination s'enflamma encore davantage, et s'il y eut jamais un amant fou d'amour, malade de passion, torturé et malheureux, ce fut certainement lui.

Un de ces rêves l'emplit d'une joie particulièrement intense : il était dans son atelier, travaillant gaiement, sa palette à la main. Elle est là, auprès de lui ; ils sont déjà mariés. Assise à ses côtés, elle suit son travail, son charmant coude posé sur le dossier de la chaise. Ses regards fatigués et dolents reflètent le doux fardeau du bonheur. La chambre, claire et propre, paraît un paradis… Mon Dieu ! elle incline la tête et la pose sur sa poitrine à lui !… Jamais il ne fit de plus beau rêve.

Quand il s'éveilla le lendemain, il se sentit plus frais, plus dispos, moins distrait, et il conçut un projet étrange.

Il se peut, songea-t-il, qu'elle ait été entraînée dans la débauche involontairement, par suite de quelque circonstance mystérieuse ; il se peut que son âme soit déjà disposée au repentir et qu'elle aspire déjà à échapper à son atroce esclavage. Va-t-il assister indifférent à sa perte définitive, lorsqu'il suffit, peut-être, de lui tendre une main secourable pour lui éviter la mort ?

Ses pensées allèrent encore plus loin dans cette voie : « Personne ne me connaît, se disait-il ; personne ne s'occupe de ce que je fais, et je n'ai cure de personne. Si elle manifeste un repentir sincère et consent à changer d'existence, je l'épouserai. Oui, je dois l'épouser ; et je suis certain qu'en faisant cela, j'agis mieux que tant d'autres qui épousent leur cuisinière ou quelque créature tout à fait méprisable. Mon action est désintéressée et peut être même utile, si je parviens à rendre au monde son plus bel ornement. »

Ayant bien examiné ce plan, il sentit le sang affluer à ses joues. Il s'approcha de son miroir et fut lui-même épouvanté à la vue de son visage hâve et décharné. Il fit une toilette soignée, se lava, peigna ses cheveux, revêtit un nouveau frac et un gilet élégant, jeta un manteau sur ses épaules et sortit. Il aspira l'air frais et se sentit tout ragaillardi, comme un convalescent sorti pour la première fois après une longue maladie.

Son cœur battait fortement lorsqu'il s'engagea dans la rue, où il n'avait plus mis le pied depuis la fatale rencontre. Il chercha longtemps la maison : ses souvenirs n'étaient plus suffisamment précis ; il parcourut deux fois la longue rangée de bâtisses, sans parvenir à reconnaître celle qu'il cherchait. Enfin il la retrouva.

Il monta rapidement l'escalier et frappa à la porte. Ce fut elle qui la lui ouvrit. Oui ! c'est bien elle ! la vision mystérieuse ! la belle inconnue de ses rêves, pour laquelle il vivait, si douloureusement, si voluptueusement. Elle est là, devant lui.

Il frémit, et sa faiblesse soudaine fut telle, qu'il faillit tomber et s'évanouir de bonheur. Elle se tenait devant lui, toujours aussi belle, bien que ses yeux fussent gonflés de sommeil, bien que ses joues, moins fraîches, eussent pâli. Elle était belle pourtant.

« Ah ! s'exclama-t-elle à la vue de Piskariov en se frottant les yeux (bien qu'il fût déjà deux heures de l'après-midi). Pourquoi vous êtes-vous enfui si brusquement la fois passée ? »

Il se laissa tomber sur une chaise, défaillant, mais sans la quitter des yeux.

« Je viens seulement de m'éveiller. On m'a ramenée à sept heures du matin ; j'étais complètement ivre », ajouta-t-elle en souriant.

« Oh ! tais-toi ! Il vaudrait mieux que tu fusses muette que de prononcer de telles paroles ! » Elle venait de révéler aux yeux de Piskariov l'image complète de son existence. Il résolut pourtant d'essayer de la convaincre. Rassemblant ses idées, d'une voix tremblante mais ardente, il se mit à lui dépeindre toute l'horreur de la vie qu'elle menait. Elle l'écoutait, l'air attentif, mais avec cette expression étonnée que provoque en nous la vue de quelque objet étrange ou inattendu. Elle regardait en souriant sa compagne qui, ayant déposé le peigne qu'elle tenait à la main, écoutait attentivement le jeune prédicateur.

« Je suis pauvre, il est vrai, dit Piskariov en terminant sa longue harangue ; mais nous travaillerons. Nous nous efforcerons, en joignant nos labeurs, d'améliorer notre vie. Il n'y a rien de plus agréable que de dépendre de soi seul. Je peindrai, et toi, assise auprès de moi et m'encourageant, tu t'occuperas de quelque ouvrage de couture ; je suis certain que nous n'aurons à endurer nulle privation.

– Que je me mette à travailler, moi ? prononça la jeune fille d'un ton méprisant. Je ne suis pas une couturière ou une blanchisseuse pour travailler de mes mains ! »

Mon Dieu ! Ces quelques mots reflétaient toute sa misérable existence, et exprimaient l'oisiveté et l'inertie, compagnes inséparables de la débauche.

« Épousez-moi ! lança tout à coup d'un ton impudent la seconde femme qui jusque-là n'avait encore rien dit. Si je me mariais, je me tiendrais toujours ainsi. » Et ce disant, elle prêta à son pitoyable visage une expression stupide qui fit beaucoup rire la belle inconnue.

Non ! c'en était trop ! Il n'avait plus la force d'en supporter davantage. Il s'enfuit, éperdu.

L'esprit bouleversé, il erra tout le jour sans but, n'entendant rien, ne voyant rien. Personne ne sut jamais où et comment il avait passé la nuit. Le lendemain seulement, guidé par un instinct irraisonné, il rentra chez lui, le visage hagard, les cheveux en désordre, pareil à un insensé.

Il s'enferma dans sa chambre, n'y laissant pénétrer personne. Quelques jours se passèrent ainsi, puis une semaine, pendant laquelle la porte de son atelier ne s'ouvrit pas une seule fois. On s'inquiéta enfin, on l'appela, on frappa sans obtenir nulle réponse. On fit alors sauter la serrure de sa porte et l'on découvrit par terre son cadavre étendu, la gorge ouverte et tenant encore à la main un rasoir ensanglanté. D'après ses traits convulsés et la position des bras violemment déjetés, l'on comprit que sa main avait tremblé et qu'il avait souffert longtemps avant que son âme pécheresse eût enfin quitté son corps.

Ainsi périt, victime de sa passion insensée, le pauvre Piskariov, si doux, si modeste, si naïf et qui possédait certainement les germes d'un talent qui aurait pu brillamment se développer par la suite. Personne ne le pleura, personne ne fit à son corps l'aumône d'un regard, sauf l'inspecteur de police et le médecin municipal aux yeux indifférents.

Son cercueil fut transporté au cimetière d'Okhta sans pompe religieuse, et il ne fut accompagné que par le gardien du cimetière, lequel versa quelques larmes, parce qu'il avait précisément bu un coup de trop ce jour-là.

Même le lieutenant Pirogov ne se dérangea pas pour dire adieu à la dépouille de son ami, qu'il avait honoré pourtant de sa haute protection. D'ailleurs, le lieutenant Pirogov avait bien autre chose à faire : il était en effet engagé dans une aventure assez extraordinaire.

Occupons-nous donc de lui maintenant.

Je n'aime pas beaucoup les morts et les cadavres, et je suis toujours très agacé lorsqu'une procession funèbre vient traverser ma route et que je vois un invalide, vêtu comme un capucin, porter à son nez une prise de tabac de sa main gauche, la droite tenant un flambeau. J'éprouve un sentiment de dépit à la vue d'un riche catafalque et d'un cercueil capitonné de velours. Mais mon dépit s'allie à la tristesse lorsque je vois un cocher conduire à sa dernière demeure le cercueil rouge{1} d'un pauvre, qu'accompagne parfois, n'ayant rien de mieux à faire, quelque mendiante rencontrée au coin d'une rue.

Nous avons quitté, je crois, le lieutenant Pirogov au moment où ayant abandonné Piskariov, il s'était précipité sur les pas d'une jolie blonde.

Cette blonde était une créature mignonne et piquante. Elle s'arrêtait devant chaque magasin et se plongeait dans la contemplation des ceintures, boucles d'oreilles, fichus et autres colifichets exposés, tout en ne cessant de jeter des regards à droite et à gauche et de tourner la tête en arrière. « Je te tiens, ma chérie ! » se dit, très satisfait, Pirogov ; et relevant le collet de son manteau, afin de ne pas risquer d'être reconnu par quelque ami, il continua sa poursuite.

Mais il serait bon de présenter au préalable à mes lecteurs le lieutenant Pirogov.

Pourtant, avant de vous dire ce qu'était ce lieutenant Pirogov, je crois qu'il faudrait donner quelques explications sur la société à laquelle il appartenait.

Certains officiers forment à Pétersbourg une sorte de classe moyenne. Vous rencontrerez immanquablement l'un de ces jeunes gens aux soirées et aux dîners des Conseillers d'État et des Conseillers d'État actuels, qui ont acquis ces titres par quarante années de service ; quelques demoiselles, souvent montées en graine, aussi pâles et effacées que le ciel de Pétersbourg, une table à thé, un piano, une sauterie, constituent les

Piskariov promit tout ce qu'il voulut. Le Persan quitta la chambre pour un instant et rentra portant un petit pot rempli d'une liqueur brune ; il en versa prudemment la moitié dans un autre pot, qu'il remit à Piskariov en lui recommandant de ne pas en prendre plus de sept gouttes dans un verre d'eau. Piskariov se saisit avidement du petit récipient, qu'il n'aurait pas échangé contre un monceau d'or, et courut aussitôt à la maison.

Rentré chez lui, il versa quelques gouttes du liquide dans un verre et ayant bu, il se coucha.

« Dieu ! quel bonheur ! C'est elle ! c'est bien elle ! mais sous un aspect tout différent. Comme elle est jolie, assise à la fenêtre de cette maison de campagne, claire et propre ! Sa robe est d'une simplicité aussi parfaite que celle que revêt la pensée du poète. Sa coiffure… comme elle est modeste, cette coiffure, et comme elle lui va bien ! Un fichu léger recouvre son cou gracieux… Tout en elle respire la pudeur et tout en elle est harmonieux. Comme elle est souple, sa démarche gracieuse ! Quelle musique évoquent ses pas et le bruissement de sa robe ! Quelle douceur dans ce bras qu'enserre un bracelet formé de cheveux tressés ! »

Les larmes aux yeux, elle lui dit : « Ne me méprisez pas. Je ne suis pas ce que vous croyez. Regardez-moi ! regardez-moi bien : suis-je capable de faire ce dont vous m'accusez ? » Oh ! non ! non ! Que celui qui ose l'accuser…

Il se réveilla, très ému, bouleversé, les yeux pleins de larmes.

« Mieux eût valu pour toi ne pas exister du tout, rester étrangère à ce monde, n'être que l'œuvre d'un artiste inspiré ! Il n'aurait pas quitté sa toile, il t'aurait admirée sans cesse et t'aurait couverte de baisers !… Je n'aurais vécu, je n'aurais respiré que pour toi ! J'aurais été heureux et n'aurais pas eu d'autres désirs ! Je t'aurais invoquée comme mon ange gardien à mon réveil et avant de m'endormir ! Et je me serais adressé à toi en me mettant au travail, chaque fois que j'aurais eu à exprimer quelque sentiment saint et sublime… Mais aujourd'hui ! quelle situation affreuse ! Que me donne son existence réelle ? En persistant à vivre, un fou peut-il faire le bonheur de ceux-là mêmes qui l'aimaient jadis, de ses amis, de ses parents ?… Quelle horreur que notre vie, et ses contrastes entre le rêve et la réalité !… »

Telles étaient à peu près les pensées qui occupaient continuellement son esprit. Il ne songeait à rien d'autre. Il ne mangeait presque pas et attendait éléments obligatoires de ces réunions, où sous la lampe vous verrez aussi scintiller quelque épaulette dorée, entre la robe de tulle d'une douce blonde et l'habit noir d'un frère ou d'un ami. Il est extrêmement difficile d'animer ces placides jeunes filles et de les faire rire ; il faut beaucoup d'art pour y atteindre, ou, pour mieux dire, une absence totale de tout art ; il faut dire des choses qui ne soient ni trop intelligentes ni trop spirituelles et qui n'exigent pas pour être comprises de trop grands efforts intellectuels. Mais on doit rendre en cela justice à ces messieurs : ils possèdent un talent spécial pour attirer l'attention de ces beautés et les faire rire ; et la meilleure récompense de leurs efforts sont ces exclamations entrecoupées de rires que provoquent leurs plaisanteries : « Mais cessez donc ! N'avez-vous pas honte de nous faire rire ainsi ? »

On rencontre rarement ces messieurs dans les sphères supérieures de la société, dont ils ont été éliminés par ceux qu'on nomme aristocrates. Ils sont considérés pourtant comme des jeunes gens instruits et bien élevés ; ils aiment à discuter littérature ; ils louent Boulgarine, Gretch et Pouchkine et raillent spirituellement et sur un ton méprisant les œuvres d'Orlov. Ils ne laissent jamais passer une conférence, fût-ce sur les méthodes de comptabilité ou sur l'agriculture. Au théâtre, on les voit à tous les spectacles, à moins qu'on n'y joue quelque pièce trop vulgaire pour leurs goûts raffinés ; et les entreprises théâtrales ont en eux d'excellents clients. Ils aiment tout particulièrement les vers bien sonores et prennent plaisir à rappeler les acteurs en faisant grand tapage. Ceux d'entre eux qui professent dans des écoles militaires ou qui préparent aux examens militaires, finissent par avoir chevaux et voitures. Leurs relations s'étendent alors, et ils parviennent finalement à épouser quelque fille de marchand, bien dotée, sachant jouer du piano et pourvue d'une bande de parents à longues barbes. Mais cet honneur n'échoit à nos officiers que lorsqu'ils ont atteint au moins le grade de colonel, car, bien qu'elles fleurent encore souvent les choux aigres, nos barbes russes ne veulent avoir pour gendres que des Excellences ou, tout au moins, des colonels.

Tels sont donc les traits distinctifs de cette catégorie de jeunes gens, à laquelle appartenait le lieutenant Pirogov ; mais celui-ci possédait encore de nombreuses qualités en propre. Il déclamait parfaitement les vers de la comédie le Malheur d'avoir trop d'esprit et ceux de la tragédie Dimitri Donskoï, et était passé maître dans l'art de lancer des ronds de fumée qu'il enchaînait par douzaines. Il savait aussi raconter de jolies anecdotes. Mais je crois qu'il est assez difficile de dénombrer tous les talents dont le destin avait doté Pirogov. Il parlait volontiers des actrices et des danseuses, mais sur un ton moins dégagé que celui qu'emploient généralement les tout jeunes sous-lieutenants.

Il était très satisfait de son grade, obtenu depuis peu, et, bien qu'il répétât souvent, étendu tout de son long sur son divan : « Tout n'est que vanité ! Me voilà lieutenant ; mais quelle importance cela a-t-il ? » son amour-propre en était secrètement flatté pourtant, et dans le cours de la conversation il faisait volontiers allusion à son grade. Ayant même rencontré une fois dans la rue un scribe, dont le salut ne lui sembla pas suffisamment respectueux, il l'arrêta aussitôt et lui fit observer en quelques mots brefs, mais bien sentis, qu'il avait devant lui un lieutenant et non pas quelque officier subalterne. Il fut d'autant plus éloquent en ce cas que deux dames assez jolies passaient justement devant lui.

Pirogov manifestait en général une grande admiration pour la beauté et l'élégance, et protégeait volontiers les débuts de son ami Piskariov ; il se peut d'ailleurs qu'il fût guidé en cela par le désir de voir son mâle visage reproduit par le peintre sur une toile.

Mais assez parlé des qualités du lieutenant Pirogov !

L'homme est un être si merveilleux qu'il est impossible de dénombrer en une fois toutes ses vertus, car à mesure qu'on les examine de plus près on y découvre de nouveaux détails, dont la description serait interminable.

Pirogov continuait donc de poursuivre la jolie inconnue, en lui posant de temps à autre des questions, auxquelles elle ne répondait qu'en émettant des sons brefs et inintelligibles.

Ils passèrent sous le porche humide de la porte de Kazan et pénétrèrent dans la grande rue des Bourgeois, la rue des boutiques de tabac, des petites épiceries, des artisans allemands et des « nymphes » finnoises. La dame blonde, se hâtant, entra en coup de vent dans une maison d'aspect plutôt minable, Pirogov la suivit. Ils montèrent rapidement, l'un derrière l'autre, un escalier de fer étroit et sombre. Elle poussa une porte dont Pirogov passa audacieusement le seuil sur ses traces.

Il se vit dans une vaste chambre aux murs noircis, au plafond enfumé. Le plancher était recouvert de tas de limaille de cuivre et de fer ; une grande table supportait des cafetières, des chandeliers, des vis, des instruments. Pirogov devina aussitôt qu'il se trouvait chez un ferblantier. Traversant la chambre, l'inconnue disparut par une autre porte. Après un instant d'hésitation, Pirogov, selon l'habitude russe, résolut d'aller audacieusement de l'avant. Il suivit donc la jeune femme et entra dans une autre chambre qui ne ressemblait en rien à la première : la propreté et l'ordre qui y régnaient disaient que le maître de la maison était un Allemand.

Pirogov s'arrêta tout interdit : il vit devant lui Schiller, non pas le Schiller qui écrivit Guillaume Tell et l'Histoire de la Guerre de Trente Ans, mais Schiller, le ferblantier bien connu de la grande rue des Bourgeois. Auprès de Schiller se tenait Hofmann, non pas l'écrivain Hofmann, mais le cordonnier qui a un atelier dans la rue des Officiers, un vieux camarade de Schiller. Celui-ci était complètement ivre. Assis sur une chaise, il frappait le plancher du pied et racontait je ne sais quelle histoire, en y mettant beaucoup de passion. Tout cela n'aurait pas trop étonné Pirogov, n'eût été la position respective des deux personnages.

Schiller était assis, la tête relevée, son gros nez en l'air, tandis que Hofmann pinçait ce nez entre les deux doigts de la main gauche et brandissait de la droite son tranchet de cordonnier. Les deux personnages parlaient allemand, et comme Pirogov n'était pas fort en allemand et ne savait dire que « gut Morgen », il ne pouvait comprendre ce qui se passait.

Or voici ce que disait Schiller :

« Je ne veux pas ! Je n'ai pas besoin de nez, criait-il en gesticulant. Je dépense pour ce nez trois livres de tabac par mois et je le paye à ce vilain marchand russe – car les boutiques allemandes ne vendent pas de tabac russe – quarante kopeks la livre, ce qui fait un rouble et vingt kopeks. Or, douze fois un rouble vingt, cela fait quatorze roubles et quarante kopeks. Tu entends, ami Hofmann ? Rien que mon nez me coûte quatorze roubles et quarante kopeks ; mais les jours de fête je prise encore du Râpé, car je ne veux pas priser aux fêtes de ce détestable tabac russe. Je prise par an deux livres de Râpé, à trois roubles la livre. Six et quatorze, cela fait vingt roubles et quarante kopeks, que je dépense pour mon tabac chaque année. C'est un vol, n'est-il pas vrai, ami Hofmann ? (Hofmann qui était ivre aussi, répondit affirmativement.) Je suis un Allemand de la Souabe ; j'ai un roi en Allemagne ! Je ne veux pas de nez ! Coupe-le-moi ! Je te le donne ! »

Si le lieutenant Pirogov n'était brusquement apparu, Hofmann aurait certainement coupé le nez de Schiller, car il avait déjà saisi son tranchet comme pour tailler une semelle.

Schiller fut évidemment très dépité qu'un inconnu eût interrompu ainsi l'opération et, bien qu'il fût plongé dans la bienheureuse ivresse que procurent la bière et le vin, il comprit qu'il ne convenait pas d'être surpris dans cette situation. Mais Pirogov s'inclina légèrement et prononça avec la noblesse qui lui était coutumière :

« Excusez-moi !

– Va-t'en ! » fit d'une voix pâteuse Schiller.

Pirogov demeura tout interdit. Un tel accueil était nouveau pour lui. Le sourire qui s'épanouissait sur son visage disparut soudain, et il dit d'un ton blessé mais digne :

« Je suis étonné, monsieur ! Vous n'avez probablement pas remarqué que je suis un officier ?

– Qu'est-ce que cela me fait ! Je suis un Allemand de Souabe ! Je pourrais être moi-même officier : un an et demi aspirant, deux ans sous-officier, et demain je serai officier. Mais je ne veux pas servir dans l'armée. Voilà ce que je ferai avec les officiers, moi : pfuit !... Et c'est tout ! » Schiller étendit la main et souffla dessus.

Le lieutenant Pirogov vit qu'il n'avait autre chose à faire qu'à se retirer. Mais cette manière d'agir, peu compatible avec la dignité de son grade, lui produisit une impression fort pénible. En descendant l'escalier, il s'arrêta plusieurs fois comme pour rassembler ses idées et réfléchir au moyen de faire sentir à Schiller l'inconvenance de sa conduite.

Il se dit enfin qu'on pouvait excuser Schiller, les fumées du vin appesantissant son cerveau. De plus, il songea à la jolie blonde et résolut de ne pas faire attention aux paroles de Schiller.

Le lendemain matin, de très bonne heure, Pirogov se rendit à l'atelier du ferblantier ; il fut reçu dans la première chambre par la jolie blonde qui d'une voix sévère (elle allait d'ailleurs fort bien à son visage) lui demanda :

« Que désirez-vous ?

– Ah ! bonjour, ma chérie ! Vous ne me reconnaissez pas ? Ah ! la coquine ! quels beaux yeux ! »

Sur ces mots Pirogov tenta de saisir gentiment le menton de la jeune femme ; mais celle-ci eut une exclamation craintive et répéta d'un ton aussi sévère :

« Que désirez-vous ?

– Vous voir. Je ne désire rien de plus ! » fit le lieutenant Pirogov, souriant agréablement et se rapprochant de la dame ; mais, remarquant que celle-ci se disposait à s'enfuir, il ajouta : « Je voudrais, ma chérie, commander des éperons. Pouvez-vous me faire des éperons ? Bien que pour vous aimer, les éperons ne soient nullement nécessaires ; c'est une bride au contraire qu'il faudrait. Oh ! quelles mains délicieuses ! »

Le lieutenant Pirogov se montrait toujours extrêmement galant dans de semblables situations.

« Je vais appeler mon mari ! » s'écria la jeune femme, et elle sortit.

Au bout de quelques minutes, Pirogov vit entrer Schiller, les yeux bouffis de sommeil et qui n'avait pas encore repris complètement ses esprits après sa beuverie. À la vue de l'officier, il revit comme en rêve les événements de la veille : il ne se souvenait pas exactement de ce qui s'était passé, mais sentant qu'il avait commis une bêtise, il accueillit l'officier d'un ton très rogue.

« Je ne peux pas prendre moins de quinze roubles pour des éperons », dit-il, voulant se débarrasser de Pirogov, car, en sa qualité d'honnête Allemand, il lui était pénible de regarder en face celui qui l'avait vu dans un état si peu correct.

Schiller aimait boire sans témoin, en compagnie de quelques camarades, et se cachait alors de ses propres ouvriers.

« C'est bien cher, dit d'une voix douce Pirogov.

– Ce sera du travail allemand, prononça fermement Schiller, en se caressant le menton. Un Russe ne prendrait, il est vrai, que deux roubles.

– Je suis prêt à payer, pour vous prouver mon estime et afin de vous connaître de plus près. Je vous donnerai quinze roubles. »

Schiller demeura un instant songeur et son cœur d'honnête artisan allemand ressentit une certaine honte ; désireux d'éviter la commande de l'officier, il lui déclara qu'il ne pouvait terminer son travail avant deux semaines ; mais, sans discuter, Pirogov lui dit qu'il était prêt à attendre.

Le consciencieux Schiller se mit à réfléchir au moyen d'exécuter le travail de telle sorte qu'il pût réellement valoir quinze roubles.

À cet instant, la jolie blonde entra dans l'atelier et se mit à ranger les cafetières sur la table. Le lieutenant Pirogov profita de la songerie de Schiller pour s'approcher de sa femme et lui serrer le bras qui était nu jusqu'à l'épaule.

Cela déplut fort à Schiller.

« Meine Frau ! s'écria-t-il.

– Was wollen Sie doch ? répondit la jolie blonde.

– Gehen Sie à la cuisine. »

La jeune femme sortit.

« Ainsi donc, dans deux semaines, dit Pirogov.

– Oui, dans deux semaines, fit Schiller, tout songeur. J'ai beaucoup de travail en ce moment.

– Au revoir ! Je repasserai.

– Au revoir ! », fit Schiller, en fermant la porte derrière l'officier.

Le lieutenant Pirogov résolut de ne pas s'arrêter en si beau chemin, bien qu'il fût évident que la jeune femme ne lui céderait pas facilement ; mais Pirogov ne pouvait comprendre qu'on lui résistât, d'autant plus que sa belle prestance et son grade lui donnaient droit à quelque attention. Mais il faut dire que la femme de Schiller tout en étant fort jolie, était aussi très sotte. D'ailleurs, la bêtise ajoute un charme de plus à une jolie femme. Je connaissais, en effet, de nombreux maris qui étaient extrêmement satisfaits de la bêtise de leur épouse : ils y voyaient l'indice d'une sorte d'innocence enfantine. La beauté produit de vrais miracles : tous les défauts moraux et intellectuels d'une jolie femme nous attirent vers elle, au lieu de nous en écarter, et le vice même, en ce cas, acquiert un charme particulier ; mais dès que sa beauté disparaît, la femme est obligée d'être beaucoup plus intelligente que l'homme pour inspirer non pas l'amour, mais simplement le respect.

Pourtant, la femme de Schiller, bien que fort sotte, était fidèle à son devoir, aussi l'entreprise audacieuse de Pirogov avait-elle très peu de chance de réussir. Mais il y a toujours une sorte de volupté à vaincre les obstacles, et la conquête de la jolie Allemande présentait un très grand intérêt aux yeux du lieutenant. Il vint souvent se renseigner au sujet des éperons qu'il avait commandés ; si bien que Schiller, fort ennuyé, fit tout son possible pour terminer ce travail au plus tôt. Les éperons furent enfin prêts.

« Oh ! quel beau travail ! s'écria le lieutenant Pirogov à la vue des éperons. Comme ils sont bien taillés ! Notre général n'en a certainement pas d'aussi beaux. »

L'amour-propre de Schiller s'épanouit. Ses regards s'animèrent et il se réconcilia intérieurement avec Pirogov. « L'officier russe est un homme intelligent », se dit-il.

« Pouvez-vous me faire une gaine pour un poignard que j'ai chez moi ?

– Mais certainement, dit Schiller, en souriant aimablement.

– En ce cas, faites-moi donc une gaine ; je vous apporterai le poignard ; un beau poignard turc. Mais je désirerais que la gaine fût d'un autre style. »

Schiller crut recevoir une bombe sur le crâne. Son front se fronça. « En voilà une histoire ! » se dit-il, en se reprochant amèrement d'avoir provoqué cette commande. Refuser eût été malhonnête, d'autant plus que l'officier russe avait loué son travail. Il accepta donc la nouvelle commande en hochant la tête, très dépité. Mais le baiser qu'en sortant Pirogov planta audacieusement en plein sur les lèvres de la jolie blonde le plongea dans de fort désagréables réflexions.

Je crois bon de faire faire ici au lecteur plus ample connaissance avec Schiller.

Schiller était un parfait Allemand, dans le sens le plus complet de ce terme. Dès l'âge de vingt ans, dès ce temps heureux où le Russe mène une existence instable et facile, Schiller avait fixé les moindres détails de sa vie, et jamais il n'admit, sous aucun prétexte, la moindre dérogation à l'ordre qu'il avait établi. Il avait résolu de se lever à sept heures, de dîner à deux heures, d'être exact en son travail et de s'enivrer tous les dimanches. Il s'était également promis d'amasser en dix ans cinquante mille roubles, et cette décision était tout aussi irrévocable qu'un arrêt du destin, car il arriverait plutôt à un fonctionnaire d'oublier de saluer son chef qu'à un Allemand de ne pas exécuter sa parole. Il ne variait jamais ses dépenses, et si le prix des pommes de terre montait, il ne dépensait pas un kopek de plus, mais réduisait simplement ses achats ; son estomac ne s'en montrait pas toujours satisfait, mais il s'y habituait vite. L'ordre qui réglait son existence était si sévère qu'il avait décidé de ne pas embrasser sa femme plus de deux fois par jour, et afin de ne pas être tenté de l'embrasser plus souvent, il ne mettait jamais qu'une petite cuillerée de poivre dans sa soupe.

Le dimanche, pourtant, cet ordre était moins rigoureusement observé, parce que Schiller buvait alors deux bouteilles de bière et une bouteille d'anisette, contre laquelle il pestait toujours d'ailleurs. Il buvait tout autrement que les Anglais qui, immédiatement après le dîner, s'enferment chez eux à clef et se saoulent dans la solitude. Non ! en bon Allemand, il s'enivrait avec passion, pourrait-on dire, en compagnie du cordonnier Hofmann ou du menuisier Kuntz, allemand lui aussi, et grand ivrogne de surcroît.

Tel était donc le brave Schiller, que la conduite du lieutenant Pirogov plaçait dans une situation très difficile. Bien que Schiller fût Allemand et possédât un caractère placide, les agissements du lieutenant Pirogov excitaient en lui une certaine jalousie. Il se cassait la tête pour trouver le moyen de se débarrasser de l'officier russe. Pirogov, de son côté, tout en fumant la pipe avec ses camarades, – car la Providence a décrété que là où il y aurait des officiers, il y aurait aussi des pipes, – Pirogov laissait entendre avec un sourire significatif qu'il avait une intrigue en train avec une charmante blonde qui n'avait déjà plus rien à lui refuser, bien qu'il faillît un moment perdre tout espoir de réussite.

Un jour, en flânant dans la grande rue des Bourgeois et en examinant la maison qu'ornait l'enseigne de Schiller, où l'on avait dessiné des cafetières et des bouilloires, il vit à sa grande joie la tête de la jeune femme qui se penchait à la fenêtre et regardait les passants. Il s'arrêta, lui fit signe de la main et lui dit : « Gut Morgen ! » La femme de Schiller le salua comme une connaissance.

« Votre mari est-il là ? lui demanda-t-il.

– Oui, dit-elle.

– Mais quand donc n'y est-il pas ?

– Il sort chaque dimanche », répondit la petite sotte.

« Cela est bon à savoir, se dit Pirogov. Il faut en profiter. »

Le dimanche suivant, il se présenta inopinément. Schiller était absent, en effet. Sa femme manifesta une certaine frayeur au premier instant ; mais Pirogov se montra cette fois très prudent et la salua respectueusement, en faisant valoir sa taille fine et souple. Il plaisanta d'une façon fort agréable et pleine de discrétion ; mais la petite sotte ne répondait à ses jolies phrases que par des monosyllabes.

Ayant tout tenté et voyant qu'il ne parvenait pas à l'égayer, le lieutenant lui proposa de danser. Elle accepta aussitôt, car les Allemandes n'aiment rien tant que la danse.

Pirogov fondait là-dessus les plus grands espoirs : tout d'abord, il lui faisait plaisir ; puis il avait ainsi l'occasion de montrer l'élégance de ses manières ; ensuite, au cours des danses, on pouvait se rapprocher, embrasser la gentille Allemande et mener l'aventure à bonne fin. Bref, il escomptait un prompt succès.

Il se mit à chantonner je ne sais quelle gavotte, sachant bien qu'avec les Allemandes il fallait agir progressivement. La jolie blonde se plaça au milieu de la chambre et leva un petit pied délicieux. Ceci suscita à tel point l'enthousiasme de Pirogov qu'il se précipita sur elle pour l'embrasser. La jeune femme poussa des cris aigus, ce qui ne fit qu'ajouter à son charme aux yeux de Pirogov. Il couvrait déjà son visage de baisers, lorsque la porte s'ouvrit brusquement, livrant passage à Schiller et à ses deux amis, Hofmann et Kuntz. Ces respectables artisans étaient tous trois ivres comme toute la Pologne.

Je laisse au lecteur à juger de la rage et de la stupéfaction de Schiller.

« Animal ! s'écria-t-il, furibond. Comment oses-tu embrasser ma femme ? Tu n'es pas un officier russe, tu es un misérable ! que le diable t'emporte ! Je suis un Allemand, moi, et non pas un cochon russe. N'est-ce pas, ami Hofmann ? (Hofmann opina de la tête.) Oh ! mais je ne veux pas porter de cornes, moi ! Tiens-le au collet, ami ! Je ne veux pas ! criait-il en gesticulant, tandis que son visage avait pris la teinte rouge vif de son gilet. Je demeure à Pétersbourg depuis huit ans. J'ai une mère en Souabe et mon oncle est à Nuremberg. Je suis un Allemand et non pas une bête à cornes ! Déshabillons-le, ami Hofmann ! Tiens-le par les jambes, Kuntz ! »

Les Allemands saisirent le lieutenant Pirogov aux jambes et aux bras. En vain essaya-t-il de se débattre : ces trois honnêtes artisans auraient pu figurer parmi les plus solides Allemands que comptait Pétersbourg et ils agirent avec le lieutenant si brutalement que je ne trouve pas, je l'avoue, les mots nécessaires pour décrire cette triste aventure.

Je suis certain que le lendemain Schiller eut une fièvre violente et qu'il trembla comme une feuille dans l'attente de la police ; il aurait donné Dieu sait quoi pour que les événements de la veille ne se fussent pas produits. Mais on ne peut rien changer à ce qui est arrivé.

Rien n'aurait pu se comparer à la rage de Pirogov. Le souvenir de ce qu'on lui avait fait endurer le rendait presque fou. La Sibérie, le fouet, lui semblaient une vengeance insuffisante. Il se précipita chez lui pour s'habiller et se rendre aussitôt chez le général, et lui décrire sous les couleurs les plus sombres la conduite révoltante des artisans allemands. Il résolut de déposer en même temps une plainte par écrit à l'État-Major ; et s'il ne parvenait pas à tirer de cet affront une vengeance suffisamment éclatante, il irait encore plus loin…

Mais tout cela se termina d'une façon bien étrange et inattendue. En route, il entra pour se restaurer dans une pâtisserie et mangea deux gâteaux feuilletés, en parcourant l'Abeille du Nord ; il sortit de là quelque peu calmé. La soirée, de plus, était délicieusement douce, et cela lui donna l'envie de flâner un peu dans la Perspective Nevski. Vers neuf heures, il se sentit plus calme et se dit qu'il n'était pas convenable d'aller déranger le général un dimanche, et que d'ailleurs ce personnage n'était probablement pas chez lui. Il alla donc finir sa soirée chez un ami, inspecteur d'une commission de contrôle, où il retrouva avec plaisir plusieurs officiers de son régiment. Il passa là quelques heures fort agréables et dansa la mazurka avec tant de brio qu'il recueillit les applaudissements des dames et des messieurs !

Le monde est organisé bien étrangement, pensais-je, en flânant il y a trois jours dans la Perspective Nevski et en songeant aux deux événements que je viens de relater. Comme le destin se joue mystérieusement de nous ! Obtenons-nous jamais ce que nous désirons ? Arrivons-nous à réaliser ce à quoi nos facultés paraissent nous prédisposer ? Non ! C'est tout le contraire qui se produit constamment.

La destinée octroie à celui-ci des chevaux admirables, mais il roule en calèche, profondément indifférent et sans prêter nulle attention à la beauté de son attelage ; tandis que cet autre, qui est possédé d'une passion ardente pour la race chevaline, doit se promener à pied et se contenter de claquer de la langue à la vue des trotteurs des autres. Celui-là possède un excellent cuisinier, mais une bouche si petite, par malheur, qu'il est incapable d'avaler plus de deux bouchées. Cet autre a une bouche plus large que l'Arc de Triomphe de l'État-Major, mais il doit se contenter, hélas ! de pommes de terre. Le destin se joue de nous bien étrangement !

Mais les aventures les plus extraordinaires sont celles qui se déroulent dans la Perspective Nevski. Oh ! n'ayez jamais nulle confiance en ce que vous y voyez ! Je m'enveloppe toujours bien soigneusement dans mon manteau, lorsque je traverse la Perspective Nevski, et tâche de ne pas regarder de trop près ceux que j'y rencontre. Tout n'est que mensonge ici, tout n'est que rêve, et la réalité est complètement différente des apparences qu'elle revêt.

Vous vous imaginez que ce monsieur qui se promène dans des habits si élégants est fort riche ? Pas du tout : il ne possède que ces vêtements. Vous croyez que ces deux personnages obèses, arrêtés devant cette église, discutent de son architecture ? Détrompez-vous : ils admirent ces deux corbeaux qui se tiennent si étrangement l'un en face de l'autre. Vous pouvez croire que cet homme qui agite ses bras, très excité, raconte comment sa femme a jeté par la fenêtre un billet doux à un officier inconnu. Mais non ! il parle de La Fayette. Vous croyez que ces dames… Mais ayez encore moins confiance en ces dames qu'en qui que ce soit.

Ne regardez pas tant les vitrines des magasins ! Les objets qu'on y voit exposés sont très jolis, mais ils coûtent un trop grand nombre d'assignats. Mais surtout, que Dieu vous garde bien de glisser vos regards sous le chapeau des dames ! Si bel effet que produise, le soir, en se déployant au loin, le manteau d'une jolie femme, je ne le suivrai point.

Éloignez-vous autant que possible des réverbères et passez votre chemin aussi vite que vous le pouvez. Tenez-vous pour heureux s'ils se contentent d'arroser vos vêtements d'une huile puante. Tout, d'ailleurs, respire ici le mensonge ; elle ment à chaque heure du jour et de la nuit, cette Perspective Nevski ; mais surtout lorsque les lourdes ténèbres descendent sur ses pavés et recouvrent les murs jaune paille et blancs des maisons, lorsque la ville s'emplit de lumières et de tonnerres et que des myriades de calèches passent en trombe au milieu des cris des postillons penchés sur le col de leurs chevaux, tandis que le démon lui-même allume les lampes et éclaire hommes et choses, pour les montrer sous un aspect illusoire et trompeur.

9 789361 903816

Printed at Repro India Ltd.